Mijn leven met God

door Nancy Gorrell
met tekeningen van Marianne Smith
vertaald door Jetty Huisman

Uitgeverij De Vuurbaak Barneveld

De inhoud van dit boek

God dienen — **Is er iemand groter dan God?**
Hoe we God kunnen dienen

Hemel — **Wat is de hemel en hoe kun je daar naartoe?**
Over de hemel

Gehoorzaam zijn — **Hoe kan ik doen wat God wil?**
Over gehoorzaamheid

Bidden — **Hoe kan ik met God praten?**
Over het bidden

Copyright © 2001 Uitgeverij De Vuurbaak, Barneveld
Alle rechten voorbehouden. Niets uit deze uitgave mag worden verveelvoudigd, opgeslagen in een geautomatiseerd gegevensbestand, of openbaar gemaakt, in enige vorm of op enige wijze, hetzij elektronisch, mechanisch, door fotokopieën, opnamen, of op enige andere manier, zonder voorafgaande schriftelijke toestemming van de uitgever.
De bijbelteksten in dit boek zijn geciteerd uit de Groot Nieuws Bijbel, NBG Haarlem 1997.
Door Nancy Gorrell, illustraties van Marianne Smith, vertaling door Jetty Huisman
ISBN 90 5560 211 6
NUGI 214

Copyright © 2000 Nancy Gorrell
Original edition published in English under the title: *Living With God* by Christian Focus Publications, Geanies House, Fearn, Tain, Ross-shire, IV 20 1TW Scotland, Great Britain.

www.vuurbaak.nl

Dit boek is van ons.
Hieronder staan onze namen:

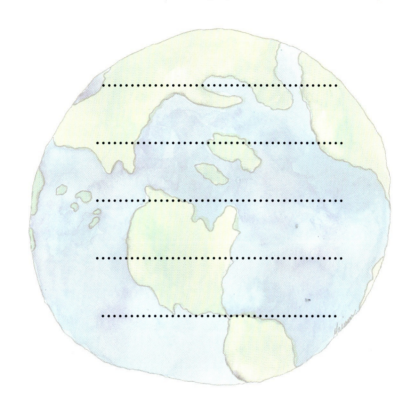

....

....

....

....

....

Onder aan elke bladzijde staat een belangrijke zin uit de bijbel.
Die mag je proberen uit je hoofd te leren.
Als je een vers onthouden hebt, kun je dat
achter in het boek aankruisen.

Maar ik en mijn huis,
wij zullen de Here dienen!, Jozua 24:15

God dienen

Kan iemand uitleggen waarom ik God moet dienen?

Wie is het bijzonderste van iedereen?

Je moeder, denk je misschien. Ze is het liefst omdat ze je altijd knuffelt als je dat nodig hebt.

Of je vindt je vader of je oma de beste.

Ik zal je iets heel belangrijks vertellen. De allergeweldigste van de hele wereld – nee, van het heelal, is iemand die je niet kunt zien.

In de bijbel staat dat God mooier, wonderlijker, bijzonderder is dan wie dan ook.

**Hoe groot en machtig bent u, Heer, mijn God! (...)
Niemand is met u te vergelijken.
2 Samuël 7:22**

Wat is godsdienst?

God heeft de wereld gemaakt met alles erop en eraan. Hij heeft alles gemaakt, en zorgt er ook voor. Hij is vriendelijk en goed en vol liefde. Weet je wel dat niemand ooit zoveel van je kan houden als God? Je moeder en je vader niet, of je vriendjes of je oma: niemand!

Vaak vertellen we God hoe geweldig Hij is. We zingen voor Hem en bedanken Hem voor alles. Bij elkaar heet dat **godsdienst**.

Dan zeggen we tegen God dat we weten dat er niemand zoals Hij is.

Bewijs aan de Heer de eer die hem toekomt.
Buig u diep als de heilige Heer verschijnt!
Psalm 29:2

Is er niemand zo groot als God?

Er is geen ander zoals God. Daarom dienen we Hem alleen. Er is geen andere god die ons kan horen als we zachtjes bidden. Niemand anders kan ervoor zorgen dat we altijd veilig zijn. Niemand is zo volmaakt en goed en vol liefde. Alleen God heeft ons gemaakt.

Heb je ooit iemand zien bidden tot een beeld? Voor een afgod dus?

Hoort een steen wat je zegt?
Kan een stuk hout van jou houden?
Heeft een schilderij je gemaakt?

Ik denk dat dit je antwoord is:
„Nee, natuurlijk niet!

Is het dan niet raar en verdrietig dat er mensen zijn die iemand anders dienen en aanbidden dan God?

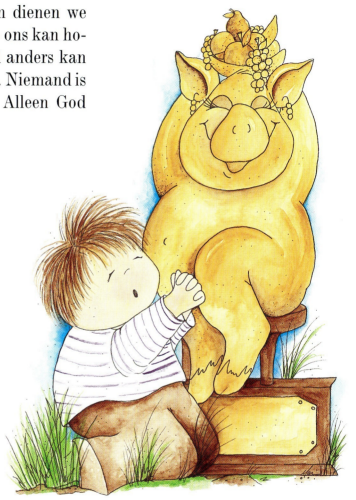

**Wend je tot mij, laat je door mij redden, waar je ook woont.
Want ik ben de enige God, een andere is er niet.
Jesaja 45:22**

Wat doen we op de dag van God?

Alle mensen die bij God horen, zijn kinderen van Hem. Natuurlijk houden ze elke dag van Hem, en dienen ze Hem iedere dag. Maar er is één bijzondere dag, de dag van God. Dan mag iedereen van God uitrusten van al hun werk. God wil graag dat ze op die dag vooral bij Hem zijn.

Weet je nog hoe God de wereld heeft gemaakt? In zes dagen was Hij klaar! Op de zevende dag rustte Hij uit. Hij zei dat zijn kinderen op dezelfde dag van de week moesten rusten. Op die dag moesten ze Hem dienen.

De eerste mensen moesten dus van God rusten op de zevende dag: de **sabbat**. Dat staat in de regels die God gaf, de **geboden**. Aan die regels moet iedereen zich houden.

Wanneer je naar mijn heiligdom gaat, moet je je daar eerbiedig gedragen. Ik ben de Heer.
Leviticus 19:30

Wat deden ze vroeger op de dag van God?

Voordat Jezus werd geboren, keken de mensen uit naar de dag dat hun redder zou komen. Na een week hard werken, kwam er een speciale dag om te rusten en God te dienen. Ze deden het zoals God dat gevraagd had. De mensen wachtten op de redder die God had beloofd: Jezus, de **Messias**.

En toen kwam Jezus!

Hij deed wat God vroeg, om ons te redden.

Hij stierf voor onze zonden. Daarom krijgen wij geen straf meer. En Hij bleef niet dood.

Toen Hij drie dagen dood was, dat was op zondag, maakte God Hem weer levend. Hij stond op uit het graf!

**Maria van Magdala ging naar het graf en ze zag dat de steen voor de ingang was weggehaald.
Johannes 20:1**

Wat doen we nu op de dag van God?

Nu kijken de mensen terug naar wat Jezus voor hen gedaan heeft. Elke nieuwe week begint op dezelfde fijne dag dat Hij is **opgestaan**: weer levend geworden dus.

Zondag is de eerste dag van de week. Op die dag dienen we God en loven we Hem. Daarom is zondag de **christelijke sabbat** of de **dag van de Here**.

**Op de eerste dag van de week waren we bij elkaar voor het breken van het brood.
Handelingen 20:7**

Wie zegt hoe je God moet dienen?

In de bijbel staat alles wat we moeten weten over God dienen. Er staat *wanneer* dat hoort en ook *hoe*.

Hoe kun je God dienen? Bijvoorbeeld door blij te zeggen hoe groot en goed je Hem vindt. Of door goed te luisteren naar de dominee die de bijbel uitlegt. En natuurlijk door te bidden.

Is het misschien leuk als iemand in de kerkdienst een handstand laat zien? En als een olifant een kunstje komt doen?

Dan zou de kerk lekker vol zitten. Maar heeft God gezegd dat Hij dat leuk vindt? Dat staat niet in de bijbel. Nee dus.

**Buig u diep als de heilige Heer verschijnt;
laten alle mensen voor hem beven.
Psalm 96:9**

Wil je bij een koning of koningin op bezoek?

Stel je voor dat een heel belangrijk iemand, bijvoorbeeld de koningin, vroeg of je eens op het paleis kwam. Zou je dat leuk vinden?

En als zo'n belangrijk iemand nou zei: „Ik wil zo graag met jou praten"? En dat ze ook veel van jou hielden? Dat is helemaal fantastisch, toch?

Weet je dat de koning van alles en iedereen, de Here God, vraagt of je nu, deze zondag naar Hem komt – in de hemel!

Dat is echt helemaal waar.

**Wat was ik blij toen zij zeiden:
'Kom, we gaan naar het huis van de Heer.'
Psalm 122:1**

Wat is er zo bijzonder aan de dag van de Here?

God heeft het zelf gezegd: als we Hem samen dienen, is Hij erbij. En dan zijn wij bij Hem. We zien Hem niet met onze ogen. Onze voeten staan gewoon op de grond. Maar toch, zegt de bijbel, dan zijn we met ons hart en met ons lied in de hemel.

Als je zingt in een kerk waar iedereen van God houdt, dan zing je samen met de engelen. Voor God.

U bent genaderd tot de stad van de levende God, het hemelse Jeruzalem met zijn duizenden engelen.
Hebreeën 12:22

Waarom is het zo bijzonder om samen God te dienen?

Het maakt niet uit hoe groot je kerk is. Of het nou tien mensen zijn of wel duizend. En waar je kerk is (in een hutje of een groot gebouw) maakt ook niet uit. Altijd zing je samen met ontelbaar veel engelen. En met andere christenen die al in de hemel zijn, of ergens anders op de aarde. Mooi hè!

Ben je nu blij? Want de Here God heeft gevraagd of jij ook wilt komen.

Er komt een heel belangrijke dag aan – zondag! Elke week mag je naar de kerk om samen met alle mensen en engelen te zingen voor de koning.

God heeft gevraagd of je ook kwam.

Jij wilt toch wel?

Laten alle mensen u eer bewijzen, alle volken u eren.
Laten ze zingen van vreugde.
Psalm 67:4-5

Hemel

Kan iemand mij iets over de hemel vertellen?

Er is een plaats waar je heen kunt, daar wordt het nooit tijd om naar bed te gaan. Je wordt er niet moe of slaperig. Het is er nooit nacht. Er schijnt juist altijd een prachtig helder licht. Donker is het er dus nooit. Niemand hoeft er bang te zijn en je hebt er geen enge dromen.

Er zal geen nacht meer zijn.
Openbaring 22:5

Hoe ziet de hemel eruit?

Er is een plaats waar je heen kunt, daar is niemand ziek. Er zijn geen dokters en geen ziekenhuizen – niemand krijgt er ooit een loopneus of oorpijn of een zere buik.

Wat er ook niet eens is: pleisters op je knie of je haar in de war!

Iedereen kan rennen en springen en dansen.

Iedereen kan zien hoe prachtig mooi het er is. Iedereen kan de vrolijke muziek horen.

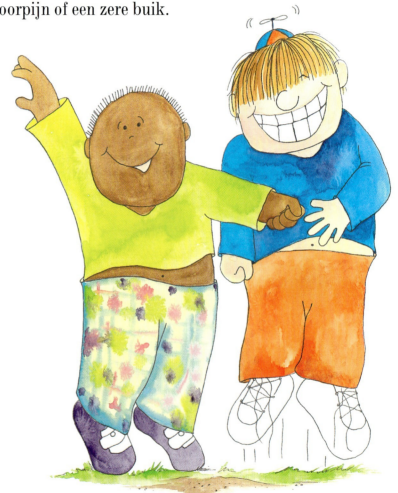

**De dood zal er niet meer zijn;
geen rouw, geen weeklacht, geen pijn zal er zijn.
Openbaring 21:4**

Bestaat de hemel echt?

Er is een plaats waar je heen kunt, daar doet niemand ooit een zonde. Iedereen is altijd helemaal goed, niets gaat er verkeerd. Alle mensen zijn vrienden van elkaar. Er is geen ruzie, niemand huilt en niemand is boos of verdrietig.

Die plaats is zo mooi; dat kun je zelf nooit verzinnen. Probeer eens te denken aan stralende engelen, echte helden, mooie muziek en allemaal blije mensen.

Dat is daar allemaal, en nog veel, veel meer. Al die mooie dingen zijn nog niet eens het allerbeste. Denk je nu: dat is niet echt, dat is doenalsof? Nee hoor.

In de bijbel staat dat die geweldige plaats bestaat: **de hemel**.

Jeruzalem had de glorie van God; ze schitterde als een edelsteen.
Openbaring 21:10-11

Wie zijn er in de hemel?

De hemel is de beste van alle plekken waar dan ook, omdat God dat zo gemaakt heeft. Hij heeft de hemel gemaakt voor al zijn kinderen. Het is er zo mooi en heilig omdat *God* er zelf woont. God de Vader, zijn Zoon Jezus en de Heilige Geest zorgen ervoor dat de hemel prachtig en goed is. Het is er fijn en er is liefde en blijdschap en licht. Dat doet God allemaal.

Alle mensen in de hemel loven en danken Jezus omdat Hij ze gered heeft. Ze houden van God en van elkaar.

De hemel is de vrolijkste plaats die er is. Nergens is er meer liefde dan daar.

**Nu heeft God zijn tent onder de mensen opgeslagen!
Hij zal bij hen wonen en zij zullen zijn volk zijn.
Openbaring 21:3**

Is de hemel ver weg?

Denk je dat de hemel heel ver hier vandaan is? Maar ik zeg toch de hele tijd: „Er is een plaats waar je heen kunt"?

Hoe ga je er dan naartoe? Met de auto of de bus? Of moet je gaan zwemmen?

Ik weet het al: je gaat met de trap naar boven, toch?

Alstublieft, zeg mij, wat moet ik doen om gered te worden?
Handelingen 16:30

Hoe kun je naar de hemel toe?

„Nee joh," zeg je. Alleen Jezus kan je naar de hemel brengen. Zo zit dat.

Jezus is op onze aarde gekomen om voor zijn mensen te leven en te sterven. Hij was gehoorzaam aan God, in plaats van de mensen, omdat zij dat niet konden. Zij krijgen geen straf meer, omdat Jezus die gekregen heeft in hun plaats.

Alle kinderen die houden van Jezus en die op Hem vertrouwen, gaan naar de hemel. Daar heeft God voor gezorgd. Omdat God zoveel van ze houdt, mogen ze voor altijd bij Hem zijn.

„Nou, dat doe ik toch," zeg je. „Ik hou van Jezus en ik vertrouw op Hem. Ik heb gevraagd om vergeving van mijn zonden. Mag ik dan nu naar de hemel alstublieft?"

Ja, maar Jezus weet zelf het beste wanneer iemand naar de hemel gaat. Hij roept je wel als Hij vindt dat het tijd is. Dan stuurt Hij zijn engelen om je naar de hemel te brengen. Je moet rustig wachten op Jezus.

**Ik verlang heen te gaan en bij Christus te zijn,
wat verreweg het beste is.
Filippenzen 1:23**

Hoe is het om dood te gaan?

Er zijn mensen die al heel jong naar de hemel gaan. Soms zelfs als ze nog maar baby's zijn. Maar de meeste mensen worden eerst oud en gaan dan pas. Jezus wil dat ze eerst nog veel werk doen op aarde.

En dan, als het eindelijk tijd is, gaat hun lichaam dood. Hun **geest** (of je **ziel**: dat is wat er binnenin mensen zit, wat je niet kunt zien, het stuk dat voor altijd is) gaat dan naar de hemel, naar Jezus.

Doodgaan is eigenlijk hetzelfde als in slaap vallen. Dat zegt de bijbel zo. De buitenkant, dus wat je aan kunt raken, gaat zachtjes slapen. Op dat moment gaat je ziel naar God. Je lijf blijft slapen in de grond totdat Jezus terugkomt. Ondertussen is je ziel blij en vrolijk, in de hemel.

Op die geweldige dag, als Jezus terugkomt, haalt Hij je lijf uit de grond, en doet je ziel er weer bij. Je lichaam wordt dan nog veel beter dan nu! Jezus zal alles dan helemaal goed maken: geen blauwe plekken meer, geen schrammen en nooit meer buikpijn!

Maar wij geloven dat (...) God degenen die als christenen zijn gestorven, samen met Jezus bij zich zal halen.
1 Tessalonicenzen 4:14

Waarom is er verdriet als iemand naar de hemel gaat?

God zegt in de bijbel dat naar de hemel gaan heel mooi is.

Jezus wil dat iedereen in de hemel is. Hij houdt zoveel van de mensen dat Hij aan zijn Vader vraagt of ze daar bij Hem mogen zijn.

Waarom is iedereen dan verdrietig als iemand van wie ze houden doodgaat? Omdat je dan gedag moet zeggen. Je ziet iemand niet meer, en dat is moeilijk.

Je huilt toch ook wel eens als je bij oma bent geweest en je moet weer naar huis? Maar na een poosje zie je haar weer, en dan ben je blij.

Het leven van zijn getrouwen is de Heer dierbaar.
Psalm 116:15

Als ik in de hemel kom, zie ik Jezus dan?

In de hemel hoef je nooit meer dag te zeggen.

Stel je voor: altijd 'hallo!' zeggen en nooit meer 'tot ziens'.

En de allerbeste en vrolijkste 'hallo!' mag je zeggen tegen Jezus. Want Hij houdt het meest van jou.

**Daarna kom ik terug om jullie te halen.
Dan zullen ook jullie zijn waar ik ben.
Johannes 14:3**

Waarom zijn de mensen blij in de hemel?

Nergens kun je gelukkiger zijn dan in de hemel. Waarom? Omdat God daar is, en God maakt dat alles in de hemel goed is.

Die God, die zo'n mooie hemel heeft gemaakt, houdt veel van kinderen zoals jij. Je mag naar de hemel omdat Hij dat graag wil. Hij heeft zijn Zoon Jezus naar de aarde gestuurd om alles weer goed te maken. Daarom mag jij straks naar de hemel.

En Jezus is er al! Hij bidt voor al zijn mensen en wacht op ze. Hij vindt het geweldig als er nieuwe mensen in de hemel komen.

Hou maar veel van Jezus. Zing liedjes voor Hem, omdat Hij eerst van jou heeft gehouden. Als je met heel je hart op Hem vertrouwt, zul je Hem ooit met je eigen ogen zien. Dan kun je Hem bekijken, vasthouden, bedanken. En vertellen hoeveel je van Hem houdt.

Dat is nou het allermooiste van de hemel. Denk je niet dat je dan heel gelukkig zal zijn?

Vader, u hebt ze mij toevertrouwd, en ik wil dat zij zullen zijn waar ik ben; dan kunnen ze mijn glorie zien.
Johannes 17:24

Gehoorzaam zijn

Kan iemand me uitleggen hoe ik gehoorzaam kan zijn?

Op het plaatje staan een paar kleine kinderen. Het zijn jongetjes en meisjes die God heeft gemaakt.

God heeft ze allemaal gemaakt om Hem te dienen en van Hem te houden. (Weet je nog: ze waren gemaakt naar **zijn beeld**.)

Sta jij ook op het plaatje?

**Besef: alleen hij is God, hij heeft ons gemaakt, hem behoren wij toe.
Psalm 100:3**

Wat is zonde?

Maar kijk nou eens! Deze jongens en meisjes zijn stout! Ze doen helemaal niet wat God wil. In hun hart zijn ze ongehoorzaam aan God. En ze zijn niet lief voor elkaar.

Hoe kunnen zulke kinderen ooit gehoorzaam zijn aan God?

Maar er niemand die zijn wil doet, helemaal niemand.
Psalm 14:3

Hoe heeft Jezus ons geholpen?

God wist dat het niet goed ging met zijn kinderen. Er zat zonde in hun hart en daarom konden ze niet meer van Hem houden. Daarom stuurde God de Vader zijn Zoon (Jezus) naar de aarde. Hij werd gestraft in plaats van de mensen.

Zo veel houdt Jezus dus van zijn mensen! Hij moest iets heel moeilijks doen. Hij deed het graag. Daarom zijn alle zonden vergeven.

Maar Christus is voor ons gestorven, terwijl wij nog een zondig leven leidden. Zo laat God ons duidelijk zien hoeveel hij van ons houdt.
Romeinen 5:8

Hoe doet God onze zonden weg?

De Heilige Geest is gekomen om alle kinderen van God schoon te wassen van binnen. Dan zijn al hun vieze zonden weg.

Gaat de Heilige Geest dan weer terug? Nee. Hij blijft in het hart van de mensen wonen. Zo kan Hij iedereen beter helpen. Hij leert je om goed te worden, als je dat zelf nog niet zo goed kunt.

De Geest komt onze zwakheid te hulp.
Romeinen 8:26

Als ik God blij wil maken, hoe doe ik dat?

De Heilige Geest kan jou op een bijzondere manier helpen om gehoorzaam te zijn. Hoe?

Door het boek dat de Heilige Geest van God zelf heeft geschreven. Alle kinderen vinden het een heel mooi boek. Er staat in hoe je God blij kunt maken. Je kunt erin lezen hoe je voor God kan leven.

Je had het zeker al geraden: het speciale boek van de Heilige Geest is de bijbel.

**Draag de helm van de redding en het zwaard van de Geest,
dat wil zeggen het woord van God.
Efeziërs 6:17**

Hoe kan ik gehoorzaam zijn aan God?

Zo. Nu hebben de kinderen van God allemaal een schoon hart. Nu houden ze van God en van elkaar. Hoe laat je zien dat je van iemand houdt? Dat leer je als je in de bijbel leest. Jezus legt het uit: „Als je van Mij houdt, ben je gehoorzaam aan mijn regels."

Wat zeg je dan tegen Jezus? "Ja, hoor, Here Jezus, ik ga doen wat U vraagt." Weet je wat Hij vraagt? Welke regels bedoelt Hij? Ik zal het vertellen. Het zijn belangrijke regels.

Hij bedoelt de **tien geboden** van God. Die gaf God heel veel jaren geleden aan zijn volk. Dan wisten ze wie God was en hoe ze tegen elkaar moesten doen.
Waarom geeft Jezus die regels ook aan jou? Omdat God nooit verandert, weet je dat nog?

**Wie mijn geboden kent en zich eraan houdt, die heeft mij lief.
Johannes 14:21**

Wat zijn de geboden van God?

Er zijn er dus tien. De eerste vier gaan over hoe we moeten laten zien dat we van God houden. **Nummer één**. We moeten van God houden, meer dan van iemand anders. Hij heeft ons gemaakt. Hij is de koning! Hij heeft zijn Zoon naar de aarde gestuurd voor ons. Niemand houdt zoveel van ons als Hij.

Nummer twee. We mogen God alleen dienen op de manier die Hij wil.
En als we nou eens een schilderij maken? We bedenken hoe God er uitziet, en dan gaan we bidden voor dat schilderij. Dat mag dus helemaal niet! God is een Geest. Zo'n tekening lijkt nooit echt op God, want we weten niet hoe Hij er uitziet. Stel je voor: dan zou je eerbiedig zijn voor een andere god!!

Heb de Heer, uw God, lief met heel uw hart en heel uw ziel, met heel uw verstand en met inzet van al uw krachten.
Marcus 12:30

Hoe laat ik merken dat ik van God houd?

Hou je van God, dan vind je alles van Hem geweldig. Dus zeg je alleen heel eerbiedig iets over Hem (want Hij is veel groter dan zomaar een mens). En dan hou je ook van zijn bijbel en van alles wat Hij gemaakt heeft. Dit is gebod **nummer drie**: Je mag de naam van God niet verkeerd gebruiken.

Nummer vier is: maak van de zondag een bijzondere dag. Laat op die dag zien hoeveel je van Hem houdt. Hij wil graag dat we Hem samen met zijn andere kinderen eren en loven.
Op zondag kun je lekker uitrusten, en meer over God leren.

**Eer God om zijn krachtige daden, om zijn onmetelijke grootheid.
Psalm 150:2**

Hoe doe ik mijn best voor God?

Wat een heerlijke dag!

Het is zondag. We zijn net thuisgekomen uit de kerk. We houden veel van God en van elkaar. We gaan de hele week ons best doen om lief en goed te zijn.

Wat je dan moet doen? Daar gaan de andere zes geboden over.

Die geboden vertellen hoe je anderen kunt helpen. Wil jij dat de mensen aardig tegen jou zijn? Dan moet jij dat natuurlijk zelf ook zijn.

Behandel de mensen zoals u door hen behandeld wilt worden.
Matteüs 7:12

Helpt God me om gehoorzaam te zijn?

Gelukkig! De Heilige Geest van God wil je helpen. Weet je nog wel? Maar dat is niet alles: God geeft nog meer helpers. Je moet goed naar ze luisteren en elke dag lief voor ze zijn. Dat is gebod **nummer vijf**.

Wie zijn dat nou weer?

Je ouders natuurlijk!

(Misschien heb jij geen papa en mama die in je huis wonen. Zul je nooit vergeten dat de Here God heel veel van jou houdt? Dat staat toch zeker in de bijbel. God heeft jou andere mensen gegeven die voor je zorgen. God wil dat je van ze houdt en doet wat zij zeggen. Hij zorgt zelf ook heel goed, speciaal voor jou.)

**Kinderen, gehoorzaam uw ouders in de Geest van Christus:
dat is uw plicht.
Efeziërs 6:1**

Hoe moet ik tegen anderen doen?

Nummer zes van de tien geboden zegt: je moet voorzichtig zijn met andere mensen. Je mag ze geen pijn doen.

Iedereen is toch gemaakt naar Gods beeld? Dus God vindt iedereen even bijzonder.

Je moet daarom heel goed voor andere mensen zorgen.

Hoe zorg je goed voor iemand anders? Door te slaan of te schoppen of te bijten? Ik dacht het niet. Je moet lief en vriendelijk zijn.

Wees goed en hartelijk voor elkaar.
Efeziërs 4:32

Hoe zorgen we voor ons gezin?

Dit is gebod **nummer zeven**. God leert ons dat ons gezin mooi en goed is. Hij heeft de familie gemaakt. Hij wil dat we daar heel goed op passen.

Met wie ga je later trouwen? Als je in ieder geval maar veel van je man of vrouw blijft houden. God wil dat je die speciale liefde niet kapotmaakt.

**Mannen, heb uw vrouw lief, zoals Christus zijn kerk heeft liefgehad.
Efeziërs 5:25**

Mag je iets van iemand afpakken?

Steel niet: dat is gebod **nummer acht**. Als iets niet van jou is, moet je er afblijven.

God geeft van alles aan jou. Andere mensen en kinderen hebben ook dingen gekregen: speelgoed, boeken, snoep.

Vind je dat niet mooi? Iedereen heeft van God spullen gekregen. Wees er voorzichtig mee!

**Wie een dief is, moet ophouden met stelen.
Laat hij liever zijn handen uit de mouwen steken.
Efeziërs 4:28**

Vindt God liegen oké?

Weer een gebod, **nummer negen**. Hoe kun je nog meer laten zien dat je van andere mensen houdt? Nou, door wat je tegen ze zegt. En door wat je over ze zegt tegen iemand anders. Je mag geen gemene dingen over je vriendjes zeggen. Wat helemaal nooit mag? Iets zeggen wat niet waar is.

God wil dat er uit je mond alleen maar goede dingen komen. Niet liegen dus.

Sla geen vuile taal uit, maar zeg, waar het nodig is, iets opbouwends.
Efeziërs 4:29

Hoe weet ik dat God van mij houdt?

Ben je blij met alles wat je van God hebt gekregen? Daarover gaat regel **nummer tien**.

Wat krijg je toch een mooie dingen elke dag! Elke morgen weer. Andere mensen krijgen dat ook. Vind je dat ook niet goed van God?

Ja, maar soms wil je ook hebben wat iemand anders heeft. Dan ben je **jaloers**.

Niet doen, hoor! Denk eens aan alle dingen die God aan jou heeft gegeven, omdat Hij zoveel van jou houdt.

**Liefde is geduldig en vriendelijk. Liefde is niet jaloers.
1 Korintiërs 13:4**

Zijn de tien geboden moeilijk?

Ik heb de tien geboden van God een klein beetje uitgelegd. Ze staan in de bijbel (in Exodus 20 en in Deuteronomium 5) en ook achter in dit boek.

Je moet maar aan God vragen of Hij je wil helpen om het goed te doen. Als het niet lukt, dan mag je vragen of Hij dat vergeven wil.

Wist je dat er in de bijbel staat dat het niet zo moeilijk is, om de tien geboden te houden? Als je op Jezus vertrouwt, dan zal zijn Heilige Geest je helpen. Hij helpt je om altijd van God en van andere mensen te houden.

Dank U wel, Heilige Geest. We houden van U.

**Want God liefhebben betekent je aan zijn geboden houden.
En zijn geboden zijn geen zware last.
1 Johannes 5:3**

Bidden

Kan iemand mij uitleggen hoe ik met God kan praten?

Wist je dat God elke dag tegen je praat?

Natuurlijk hoor je geen harde stem uit de hemel (die bijvoorbeeld zegt: „Luister naar je mama!"). Nee, het is een duidelijke, maar zachte stem. Die klinkt uit zijn Woord, de bijbel.

Hij heeft je zoveel te vertellen! Het staat allemaal in zijn boek. Als je van Jezus houdt, wil je graag horen wat God zegt, en je wilt ook graag wat terugzeggen.

Maar hoe praat je nou met God? Heb je een telefoon nodig?

'Roep mij en ik zal je antwoord geven.'
Jeremia 33:3

Heb ik iets nodig om met God te praten?

Nee, kinderen van God hebben niks nodig om wat tegen God te kunnen zeggen. Geen moeilijk apparaat, of een telefoon. Je hoeft alleen maar te bidden. Hoe doe je dat?

Dat kan op heel veel manieren.

Je kan gewoon zachtjes in jezelf wat tegen God zeggen. Het kan ook hardop, net als Elia op de berg (ken je dat verhaal al? Vraag het anders aan je papa of mama). Je kan een gebedje ook zingen. David, de schaapherder, deed dat ook.

God, luister naar mijn gebed, schenk aandacht aan wat ik vraag.
Psalm 54:2

Waar doe je dat, bidden?

Moet je dat op een speciale plek doen? Nee, hoor. Het kan overal: onder de dekens maar ook in de kerk.

Je weet toch nog wel dat God overal is? Daarom kun je altijd met Hem praten. In de bijbel staat dat je overal en altijd met God kan en mag praten. Goed hè?

Bid zonder ophouden.
1 Tessalonicenzen 5:17

Krijg ik altijd alles wat ik aan God vraag?

Als je tegen God praat, wat moet je dan zeggen? Dat is een heel goede vraag. Grote mensen vragen dat ook heel vaak. Het is best moeilijk om te bedenken wat je aan Jezus mag vragen. We willen zo graag doen wat Hij goed vindt. Helaas vragen we soms dingen die niet goed voor ons zijn. Of juist heel slecht!

Weet je wat nou zo fijn is? Dat God je zelf wil helpen bij het bidden.

De Geest van God woont in ons hart, dat weet je toch nog wel? Die bidt voor ons. Hij vraagt dingen die we echt nodig hebben. Jezus maakt onze gebeden goed en brengt ze naar God.

Want wij weten niet wat en hoe we moeten bidden, maar de Geest zelf pleit voor ons bij God.
Romeinen 8:26

Wat moet ik tegen God zeggen als ik bid?

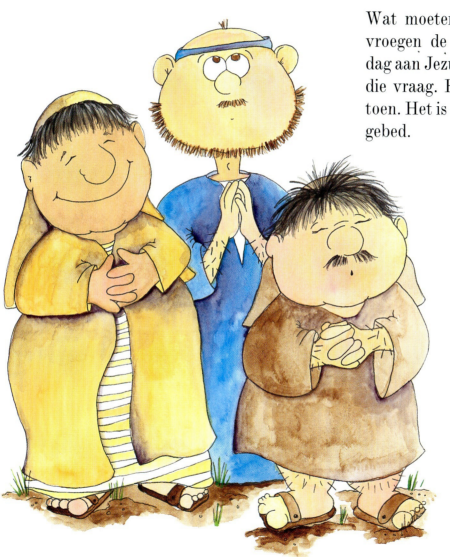

Wat moeten we bidden? Dat vroegen de leerlingen op een dag aan Jezus. Hij was blij met die vraag. Hij vertelde het ze toen. Het is een heel makkelijk gebed.

Wij noemen dat: het **Onze Vader**. Want zo begint het. Jezus gaf ons het Onze Vader.

Heer, leer ons bidden.
Lucas 11:1

Hoe gaat het gebed van Jezus?

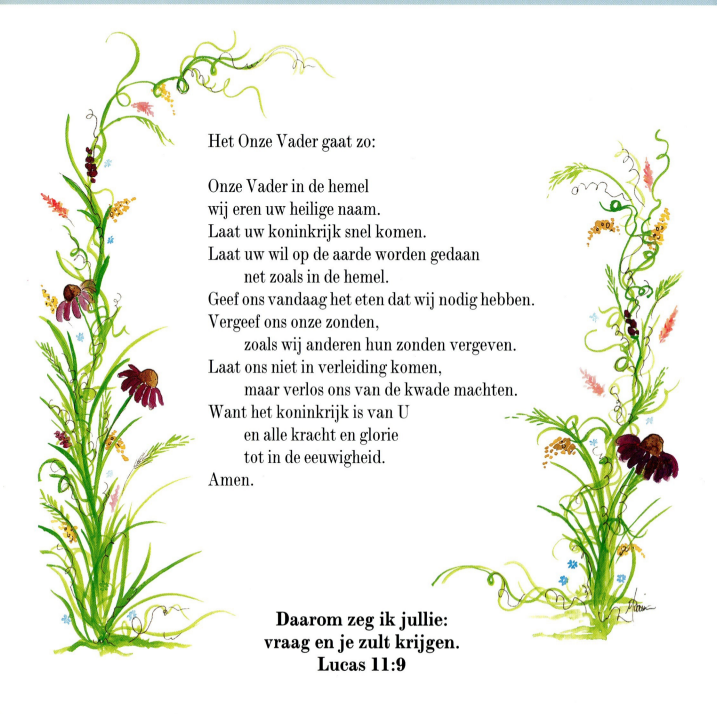

Het Onze Vader gaat zo:

Onze Vader in de hemel
wij eren uw heilige naam.
Laat uw koninkrijk snel komen.
Laat uw wil op de aarde worden gedaan
    net zoals in de hemel.
Geef ons vandaag het eten dat wij nodig hebben.
Vergeef ons onze zonden,
    zoals wij anderen hun zonden vergeven.
Laat ons niet in verleiding komen,
    maar verlos ons van de kwade machten.
Want het koninkrijk is van U
    en alle kracht en glorie
        tot in de eeuwigheid.
Amen.

Daarom zeg ik jullie:
vraag en je zult krijgen.
Lucas 11:9

Hoort God mij altijd als ik bid?

Wat een mooi gebed. Je kunt er heel veel van leren. Bijvoorbeeld dat we altijd de Here God moeten loven en eren. En dat we mogen bidden voor de hele wereld. Eigenlijk zou iedereen van God moeten houden en naar Hem moeten luisteren. Net zo als de engelen in de hemel dat doen.

In het Onze Vader staat ook dat God naar ons luistert als we om gewone dingen vragen. Alles wat we nodig hebben: kleren en eten. Goed hè, dat God elke dag voor ons zorgt!

Maak u geen zorgen, maar laat aan God in al uw bidden en smeken dankbaar weten wat uw wensen zijn.
Filippenzen 4:6

Wil God mij helpen goed te zijn?

In het Onze Vader bidden we om vergeving van de zonden. Daarna bidden we of God ons wil helpen om anderen te vergeven. We moeten weer van ze gaan houden. Je mag ook bidden of Hij je wil helpen niet ongehoorzaam te zijn.

**Blijf wakker en bid dat je niet bezwijkt in de beproeving.
Marcus 14:38**

Wist je dat God de allergrootste koning is?

We bidden: „Het koninkrijk is van U". Dat betekent dat we tegen God zeggen dat Hij de grootste en machtigste en sterkste koning van de wereld is. En God hoort ons gebed, altijd. Hij luistert graag naar zijn kinderen, die Jezus gered heeft.

Daar moet je eens even over nadenken. Wat is bidden toch goed! Overal en altijd mag je zomaar met de koning praten. En niet zomaar met een rijke, machtige koning van een land op aarde – zoals de koning in het plaatje. Nee, je mag praten met de koning van alles en iedereen. Die koning is onze Here God, die alles gemaakt heeft.

En ik zal alles doen wat jullie met een beroep op mij zullen vragen; dan zal de glorie van de Vader openbaar worden in de Zoon.
Johannes 14:13

Heeft God het nooit te druk voor mij?

Ik weet nog iets waarover je eens moet nadenken: God, de grote koning, *wil* zelf dat jij tot Hem bidt. Dat vindt Hij heerlijk. Hij heeft er altijd tijd voor. Andere koningen, gewone koningen, vinden jou vast veel te klein om mee te praten. Of niet belangrijk genoeg. Maar God niet, hoor. Die houdt van jou.

Hij vindt het erg als je verdrietig bent. Bijvoorbeeld omdat je speelgoed kapot is, of als je oma heel erg ziek is.

Hij wil graag dat je eten en kleren genoeg hebt. Hij wil dat nog meer dan je vriendjes. Zelfs nog meer dan je mama en papa.

Daarom moet je alles tegen God zeggen: dat je pijn hebt, verdrietig bent of ziek. En als dat niet zo is? Als je blij bent, moet je Hem bedanken.

Werp al uw zorgen op hem. Hij zorgt voor u.
1 Petrus 5:7

Ben ik wel belangrijk genoeg voor God?

God luistert naar je gebed. Dat heeft Hij toch beloofd! Je mag altijd met Hem praten. Je mag het zeker weten dat Hij je alles wil geven waarvan je sterk en mooi wordt van binnen. Als je iets echt nodig hebt, dan krijg je het van Hem. Je krijgt precies genoeg om van Hem te houden en om te doen wat Hij wil.

Dus: je mag praten met God. De grote koning houdt van jou! Jezus, de redder, is je vriend. En de Heilige Geest zal je helpen.

Misschien ben jij wel de kleinste van alle mensen. Maakt niet uit voor God!

Met die geweldige God mag je elke dag praten. Hou je van Hem met je hele hart?

Aan hem die in staat is oneindig veel meer te doen dan alles wat wij kunnen vragen of bedenken: aan hem komt de eer toe voor altijd en eeuwig! Amen.
Efeziërs 3:20-21

Bijbelteksten om te onthouden:

God dienen

Heb je al bijbelverzen uit je hoofd geleerd? Vraag dan iemand om te kijken hoeveel je er nog weet! Zet een kruisje in het hokje naast elk vers dat je geleerd hebt.

Hoe groot en machtig bent u, Heer, mijn God! (...) Niemand is met u te vergelijken. **2 Samuël 7:22** ☐

Bewijs aan de Heer de eer die hem toekomt. Buig u diep als de heilige Heer verschijnt! **Psalm 29:2** ☐

Wend je tot mij, laat je door mij redden, waar je ook woont. Want ik ben de enige God, een andere is er niet. **Jesaja 45:22** ☐

Wanneer je naar mijn heiligdom gaat, moet je je daar eerbiedig gedragen. Ik ben de Heer. **Leviticus 19:30** ☐

Maria van Magdala ging naar het graf en ze zag dat de steen voor de ingang was weggehaald. **Johannes 20:1** ☐

Bijbelteksten om te onthouden:

God dienen

Op de eerste dag van de week waren we bij elkaar voor het breken van het brood. Handelingen 20:7

Buig u diep als de heilige Heer verschijnt; laten alle mensen voor hem beven. Psalm 96:9

Wat was ik blij toen zij zeiden: 'Kom, we gaan naar het huis van de Heer.' Psalm 122:1

U bent genaderd tot de stad van de levende God, het hemelse Jeruzalem met zijn duizenden engelen. Hebreeën 12:22

Laten alle mensen u eer bewijzen, alle volken u eren. Laten ze zingen van vreugde. Psalm 67:4-5

Bijbelteksten om te onthouden: **Hemel**

Er zal geen nacht meer zijn. Openbaring 22:5

De dood zal er niet meer zijn; geen rouw, geen weeklacht, geen pijn zal er zijn. Openbaring 21:4

Jeruzalem had de glorie van God; ze schitterde als een edelsteen. Openbaring 21:10-11

Nu heeft God zijn tent onder de mensen opgeslagen! Hij zal bij hen wonen en zij zullen zijn volk zijn. Openbaring 21:3

Alstublieft, zeg mij, wat moet ik doen om gered te worden? Handelingen 16:30

Bijbelteksten om te onthouden: Hemel

Ik verlang heen te gaan en bij Christus te zijn, wat verreweg het beste is. Filippenzen 1:23

Maar wij geloven dat (...) God degenen die als christenen zijn gestorven, samen met Jezus bij zich zal halen. 1 Tessalonicenzen 4:14

Het leven van zijn getrouwen is de Heer dierbaar. Psalm 116:15

Daarna kom ik terug om jullie te halen. Dan zullen ook jullie zijn waar ik ben. Johannes 14:3

Vader, u hebt ze mij toevertrouwd, en ik wil dat zij zullen zijn waar ik ben; dan kunnen ze mijn glorie zien. Johannes 17:24

De tien geboden

Hou er geen andere goden op na

Maak geen afgoden

Misbruik mijn naam niet

Maak van de zondag een bijzondere dag

Heb eerbied voor je vader en je moeder

Dood niemand

Pleeg geen overspel

Steel niet

Lieg niet

Niet jaloers zijn

Exodus 20:1-17

Bijbelteksten om te onthouden: `Gehoorzaam zijn`

Besef: alleen hij is God, hij heeft ons gemaakt, hem behoren wij toe. Psalm 100:3

Maar er niemand die zijn wil doet, helemaal niemand. Psalm 14:3

Maar Christus is voor ons gestorven, terwijl wij nog een zondig leven leidden. Zo laat God ons duidelijk zien hoeveel hij van ons houdt. Romeinen 5:8

De Geest komt onze zwakheid te hulp. Romeinen 8:26

Draag de helm van de redding en het zwaard van de Geest, dat wil zeggen het woord van God. Efeziërs 6:17

Wie mijn geboden kent en zich eraan houdt, die heeft mij lief. Johannes 14:21

Bijbelteksten om te onthouden:

Gehoorzaam zijn

Heb de Heer, uw God, lief met heel uw hart en heel uw ziel, met heel uw verstand en met inzet van al uw krachten. **Marcus 12:30**

Eer God om zijn krachtige daden, om zijn onmetelijke grootheid. **Psalm 150:2**

Behandel de mensen zoals u door hen behandeld wilt worden. **Matteüs 7:12**

Kinderen, gehoorzaam uw ouders in de Geest van Christus: dat is uw plicht. **Efeziërs 6:1**

Wees goed en hartelijk voor elkaar. **Efeziërs 4:32**

Bijbelteksten om te onthouden:

Gehoorzaam zijn

Mannen, heb uw vrouw lief, zoals Christus zijn kerk heeft liefgehad. **Efeziërs 5:25**

Wie een dief is, moet ophouden met stelen. Laat hij liever zijn handen uit de mouwen steken. **Efeziërs 4:28**

Sla geen vuile taal uit, maar zeg, waar het nodig is, iets opbouwends. **Efeziërs 4:29**

Liefde is geduldig en vriendelijk.
Liefde is niet jaloers. **1 Korintiërs 13:4**

Want God liefhebben betekent je aan zijn geboden houden. En zijn geboden zijn geen zware last. **1 Johannes 5:3**

Bijbelteksten om te onthouden:

Bidden

Roep mij en ik zal je antwoord geven. **Jeremia 33:3**

God, luister naar mijn gebed, schenk aandacht aan wat ik vraag. **Psalm 54:2**

Bid zonder ophouden. **1 Tessalonicenzen 5:17**

Want wij weten niet wat en hoe we moeten bidden, maar de Geest zelf pleit voor ons bij God. **Romeinen 8:26**

Heer, leer ons bidden. **Lucas 11:1**

Daarom zeg ik jullie: vraag en je zult krijgen. **Lucas 11:9**

Bijbelteksten om te onthouden:

Bidden

Maak u geen zorgen, maar laat aan God in al uw bidden en smeken dankbaar weten wat uw wensen zijn. Filippenzen 4:6

Blijf wakker en bid dat je niet bezwijkt in de beproeving. Marcus 14:38

En ik zal alles doen wat jullie met een beroep op mij zullen vragen; dan zal de glorie van de Vader openbaar worden in de Zoon. Johannes 14:13

Werp al uw zorgen op hem. Hij zorgt voor u. 1 Petrus 5:7

Aan hem die in staat is oneindig veel meer te doen dan alles wat wij kunnen vragen of bedenken: aan hem komt de eer toe voor altijd en eeuwig! Amen. Efeziërs 3:20-21

Er zijn nog twee delen in de serie
Ik leer God kennen!
door Nancy Gorrell met tekeningen van Marianne Smith

deel 1: Wie is mijn God?

| God | bijbel | drie-eenheid |

deel 2: Dichter bij God

| schepping | Jezus | redding |